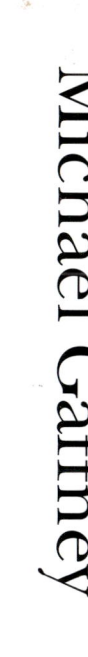

Michael Gaffney

täuschen
tarnen
überleben

Ein Sach- und Suchbuch

Deutsch von
Waltraud Felsl und
Monika Mayer

KINDER BUCH VERLAG LUZERN

Kinderbuchverlag Luzern

ZU DIESEM BUCH

Im Wald leben alle möglichen Insekten und andere Kleintiere. Einige sind leuchtend gefärbt, andere haben die gleiche Farbe wie ihre Umgebung und sind schwer zu entdecken. Das nennt man Tarnung. Dieses Buch zeigt verschiedene Arten von Kleintieren in ihrem natürlichen Lebensraum. Manche von ihnen muß man richtig suchen – ein Beweis dafür, wie wirksam ihre Tarnung ist!

Das Größenverhältnis der Tiere untereinander ist immer richtig; sie sind jedoch nicht immer in Lebensgröße abgebildet: manchmal wurden sie größer, manchmal kleiner gezeichnet. Die beschriebenen Tiere sind auf der darauffolgenden Doppelseite noch einmal zu sehen – diesmal aber gut versteckt in ihrer natürlichen Umgebung. Kannst du sie alle finden?

INHALTSVERZEICHNIS

In der Buschzone des Tropenwaldes 6–9

Am Boden des Tropenwaldes 10–13

In den Blättern der Eiche 14–17

In der Laubschicht 18–21

An der Kiefernrinde 22–25

Am Boden des Kiefernwaldes 26–29

Sachregister 30–31

IN DER BUSCHZONE DES TROPENWALDES

Alle diese Tiere leben in Südostasien, wo es immer feucht und heiß ist. Die dichten grünen Büsche sind voller krabbelnder und fliegender Tiere.

Nachtfalter
Während er am Tage ruht, versteckt sich der Nachtfalter tief in den dunkelsten Schatten von Büschen, wo er sich vor neugierigen Blicken sicher fühlt.

Springspinne
Mit ihren großen Augen kann diese Springspinne ihre Beutetiere schon von weitem erkennen, aber auch nach möglichen Feinden Ausschau halten. Sie kann sehr weit springen und verfehlt ihr Beutetier fast nie.

Laternenträger
Der Kopf des Laternenträgers ist lang und schmal. Mit seinem Rüssel saugt er wie mit einem Strohhalm den Saft aus Bäumen.

Wandelndes Blatt
Ähnlich wie die Stabheuschrecke ahmen auch die Laubheuschrecke und das Wandelnde Blatt Pflanzenteile nach. Sie sehen aus wie trockene, tote Blätter. Andere Tiere bemerken sie gar nicht.

Gottesanbeterin
Diese große schlanke Gottesanbeterin lauert ihrer Beute auf und wirft sich ganz plötzlich auf sie.

Laubheuschrecke

6

Blattkäfer
Die harte Hülle der Blattkäfer ist nur schwer zu knacken. Das merken andere Tiere schnell und lassen ihn in Ruhe.

Zikade
Zikaden verstecken sich so geschickt, daß manchmal sogar eine Zikade die andere nicht findet. Sie zirpen laut, um anderen Zikaden mitzuteilen, wo sie gerade sind.

Asselspinnerraupe
Einige Raupen sind zu sehr mit Fressen beschäftigt, so daß sie keine Zeit haben, nach Feinden Ausschau zu halten. Daher müssen sie andere Wege finden, sich vor ihnen zu schützen. Ihre Stacheln bieten ihnen auf Blättern eine gute Tarnung und viele Tiere mögen so eine stachlige Raupe nicht fressen.

Morphofalter
Dieser Schmetterling hat ein farbenprächtiges Geheimnis. Wenn er die Flügel auf- und zumacht, werden Flecken sichtbar, die hell zu leuchten scheinen, und seine Feinde erschrecken sich und greifen ihn nicht an.

Schildkäfer
Dieser Käfer versteckt sich vor seinen Feinden unter Blättern. Sein Körper ist so flach, daß er nicht einmal einen Schatten wirft.

Stabheuschrecke
Stell dir vor, du wärst ein Vogel – hättest du dann Appetit auf dieses Insekt? Stabheuschrecken sitzen ganz still und tarnen sich als Zweige. So schützen sie sich davor, gefressen zu werden.

7

AM BODEN DES TROPENWALDES

Der Boden des afrikanischen Tropenwaldes ist wie eine dunkle, feuchte Mülltonne, in der handtellergroße Käfer und armlange Tausendfüßler herumkrabbeln.

Wanderameisen

Kein Insekt überlebt ein Zusammentreffen mit einer vorbeimarschierenden Armee von Wanderameisen. Große Soldatenameisen beschützen die Arbeiterinnen, die alles, was auf ihrem Weg liegt, töten und wegtragen.

Riesentausendfüßler

Dies ist die größte Tausendfüßlerart der Welt. Er wird so lang wie der Unterarm eines ausgewachsenen Menschen und bahnt sich seinen Weg durch den Boden wie ein gepanzerter U-Bahnzug. Es ist sehr gefährlich, sich mit ihm anzulegen.

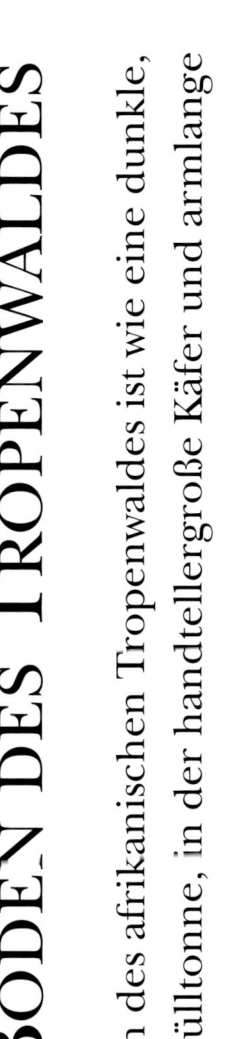

Holzbiene

Keiner läßt sich mit dieser Biene ein! Das Männchen der Holzbiene ist sehr angriffslustig. Es greift jedes andere Männchen an, das in die Nähe seiner Wohnung kommt.

Herkuleskäfer

Dieser Käfer ist 13 cm lang. Seine Größe schützt ihn vor allen räuberischen Insekten. Seinen harten Panzer können auch größere Räuber, wie etwa Vögel, kaum knacken.

10

Feldheuschrecke

Diese Heuschrecke verläßt sich auf ihre Tarnung um sich vor größeren Tieren zu verbergen. Aber sie ist zu groß, um von einer Meute hungriger Ameisen nicht entdeckt zu werden. Deshalb benutzt sie ihre langen Hinterbeine um fortzuhüpfen.

Schabe

Einige Schaben leben als Schädlinge in Häusern, aber diese Art lebt im Wald und ernährt sich von abgestorbenen Pflanzen.

Schwarzkäfer

Große Augen, kräftige Kiefer und lange, flinke Beine machen den Schwarzkäfer zum Geparden des Waldbodens. Nur wenige Tiere sind schnell genug, um ihn zu fangen oder ihm zu entkommen.

Riesenhundertfüßler

Dieses giftige Untier frißt einfach alles, sogar Kröten und Mäuse. Der Riesenhundertfüßler fürchtet sich vor keinem Tier am Waldboden.

Skorpion

Gut getarnt macht der Skorpion Jagd auf Kleintiere am Waldboden. Er tötet sie mit dem Gift aus seinem Schwanzstachel.

Stummelfüßler

Dieses sonderbare Tier – halb Wurm, halb Tausendfüßler – kriecht auf dem Waldboden herum und frißt die abgefallenen Blätter. Bei Gefahr zwängt er sich in kleine Löcher im Boden.

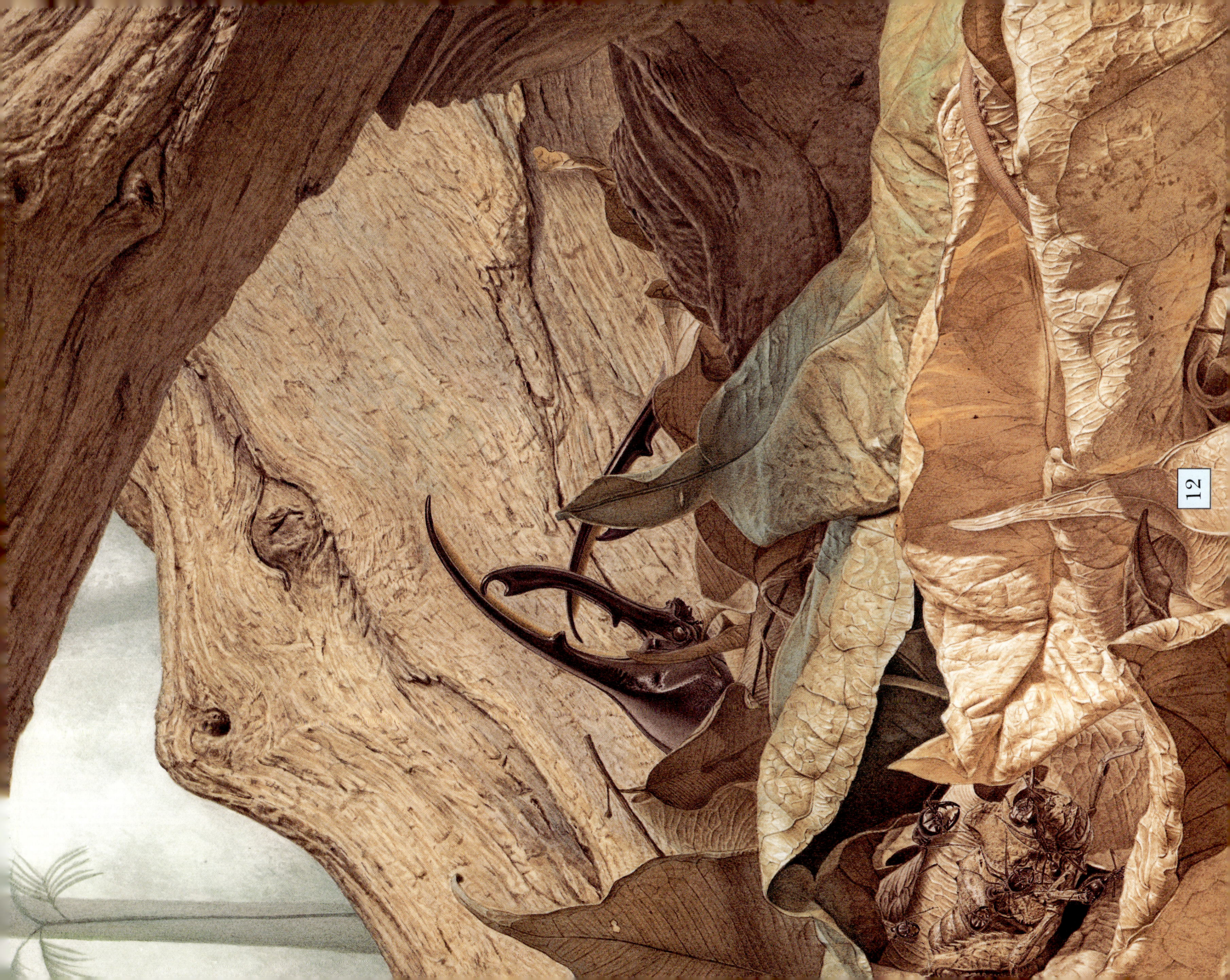

13

IN DEN BLÄTTERN DER EICHE

Eichen wachsen in vielen Ländern der Erde. In ihren Zweigen mit den harten, saftigen Blättern wohnen zahlreiche geflügelte Insekten – und auch die Tiere, die sich von den Insekten ernähren.

Aaskäfer
Dieser Käfer sucht seine Nahrung zwischen abgefallenen Blättern. Er frißt nur tote Tiere.

Rotbeinige Baumwanze
Diese Wanze hat einen langen, dünnen Rüssel, der unter dem Kopfschild verborgen ist. Sie benutzt ihn wie einen Strohhalm, um den Saft aus Blättern zu saugen. Bei drohender Gefahr verbreitet sie einen furchtbaren Gestank. Angreifer lassen sie daher schnell wieder in Ruhe.

Grüner Eichenwickler
Durch seine Tarnfärbung scheint er sich in nichts aufzulösen, sobald er sich auf einem Blatt niederläßt. Seine Raupe versteckt sich in aufgerollten Blättern. Wird sie angegriffen, läßt sich sich an einem seidenen Faden herab.

Eichenschrecke
Diese Heuschrecke hat lange, kräftige Hinterbeine. Bei Gefahr flieht sie mit großen Sprüngen. Sie legt ihre Eier in der Baumrinde ab oder in einer von der Gallwespe verlassenen, ausgetrockneten Galle, wie der auf der gegenüberliegenden Seite.

Blauer Eichenzipfelfalter
Dieser scheue Schmetterling liebt das Leben hoch oben in den Baumwipfeln. Er flattert in den Kronen von Eichen umher und macht auf Blättern Rast. Dort leckt er den Saft auf, den Blattläuse ausscheiden.

14

Haselnußbohrer

Das Weibchen dieses eigenartigen Käfers bohrt mit Hilfe seines langen Rüssels tiefe Löcher in Eicheln und legt dann seine Eier hinein. Die jungen Larven sind in der Eichel geschützt und ernähren sich von ihrem Inhalt.

Großer Eichenbockkäfer

Dieser blattfressende Käfer hat Angst davor, gefressen zu werden. Daher geht er nur nachts auf Nahrungssuche. Tagsüber verbirgt er sich in den Baumkronen, wo er regungslos in den Blättern sitzt.

Erzwespe

Die frechen Erzwespen legen ihre Eier in den Gallen anderer Gallwespen ab. Wenn die Larven der Erzwespen schlüpfen, fressen sie die kleinen Gallwespenlarven.

Radnetzspinne

Diese kluge Spinne kennt die besten Plätze, um Beutetiere zu fangen. Sie webt ihr Netz in den Baumkronen, wo sich brummende Fliegen tummeln.

Mondvogel

Der Mondvogel sieht mit geschlossenen Flügeln aus wie ein abgebrochener Ast. So entgeht er den scharfen Augen hungriger Vögel, die vorbeifliegen und nach einer Mahlzeit Ausschau halten.

Gallwespe

Gallwespen legen ihre Eier in das Innere von Eichenblättern. Dadurch entstehen kleine Wölbungen, die man als Gallen bezeichnet. Nachdem die Larven aus dem Ei geschlüpft sind, bleiben sie noch so lange in den Gallen, bis sie groß genug sind, um für sich selbst zu sorgen.

16

IN DER LAUBSCHICHT

Im Herbst werfen viele Bäume ihre Blätter ab. Laub und totes Holz liegen wie ein Teppich auf dem Boden, bevölkert von vielen kleinen Lebewesen.

Schmetterlingspuppe

Aus dieser Puppe, die früher einmal eine Raupe war, wird bald ein Schmetterling schlüpfen. Bei Gefahr kann die Puppe nicht fliehen, deshalb muß sie gut verborgen sein.

Pseudoskorpion

Dieses winzige Tier, das versteckt unter verrottendem Holz lebt, ähnelt einem echten Skorpion, hat aber keinen Stachel.

Ohrwurm

Eine Ohrwurmmutter gibt auf ihre Eier sehr gut acht. Sie legt sie in der Erde ab, leckt sie von Zeit zu Zeit, um sie sauber zu halten, und hält bei ihnen Wache, bis die Jungen schlüpfen.

Nacktschnecke

Diese Schnecke scheint schutzlos zu sein. Sobald sie aber angegriffen wird, sondert sie einen sehr klebrigen Schleim ab. Das hält die meisten Tiere davon ab, sie zu fressen – aber nicht alle!

Violetter Laufkäfer

Dieser Käfer hat eine Vorliebe für Nacktschnecken. Er beißt sie mit seinen starken Kiefern auf und saugt ihr saftiges Inneres heraus.

Springschwänze

Diese silbrigen Bodenbewohner sind ausgezeichnete Springer. Mit ihrem einzigartigen Schwanz stoßen sie sich blitzschnell vom Boden ab und bringen sich in Sicherheit, sobald ihnen Gefahr droht.

Regenwurm

Regenwürmer ernähren sich von Erde und Blättern am Waldboden. Beim Fressen graben sie sich durch den Boden, lockern ihn dabei auf und erleichtern den Pflanzen dadurch das Wachstum.

18

Leuchtender Erdläufer

Dieses seltsame Tier leuchtet in der Dunkelheit. Es bewegt sich fort, indem es seinen Körper ausstreckt und zusammenzieht.

Milben

Milben grasen auf Schimmel, der auf verfaulendem Holz wächst. Sie bewegen sich nur langsam und bleiben deshalb beim Fressen so gut wie unbemerkt.

Brauner Steinläufer

Dieses Tier ist zwar winzig klein, aber sehr gefährlich. Die Backenzangen auf beiden Seiten seines Kopfes enthalten Gift, mit dem es seine Beute tötet.

Riesenlaufkäfer

Schnecken können sich nie sicher fühlen, wenn der Riesen- laufkäfer in der Nähe ist. Sein schmaler Kopf eignet sich hervorragend dazu, in ihre Schneckenhäuser einzudringen, um sie auszusaugen.

Schnurfüßler

Ein Tausendfüßler benutzt seine unzäh- ligen Beine dazu, sich durch Erde und Blätter hindurchzuarbeiten. Durch seinen schlauchförmigen Körperbau kann er sich mühelos fortbewegen und jeder Gefahr schnell entfliehen.

Mauerassel

Eine Mauerassel wählt den feuchtesten und dunkelsten Ort, den sie finden kann, als Wohnung. Am liebsten hält sie sich in verrotten- dem Holz auf.

19

20

21

AN DER KIEFERNRINDE

In kühleren Ländern bilden Kiefern mit ihren nadelartigen Blättern dichte Wälder. Nur sehr wenige kleine Tiere mögen diese kalten, dunklen Waldböden. Die meisten leben auf oder unter der Baumrinde.

Läuse

Läuse sind sehr kleine Tierchen und daher sehr schwierig zu sehen. Sie fressen alles mögliche – sogar Rinde.

Schlupfwespe

Selbst hinter Baumrinde sind die Holzwespenlarven nicht vor der Schlupfwespe sicher. Das Schlupfwespenweibchen streckt seinen langen Schwanz unter die Rinde und legt seine Eier in den Holzwespenlarven ab! Wenn die Schlupfwespenlarven schlüpfen, fressen sie die Holzwespen bei lebendigem Leibe.

Vierpunktiger Marienkäfer

Vierpunktige Marienkäfer findet man gewöhnlich auf Kiefernnadeln. Sie paaren sich gerne im hellen Sonnenschein. Ihre Punkte sind eine Warnung an alle Beutejäger: «Bleibt mir vom Leibe – ich schmecke scheußlich!»

Holzwespe

Ein Holzwespenweibchen bohrt seinen langen, dünnen Schwanz in einen Baumstamm, um dort seine Eier abzulegen. Die holzfressenden Larven schlüpfen unter der Baumrinde aus. Dort werden sie nur von sehr wenigen Beutejägern gefunden.

Vierfleckiger Kiefernglanzkäfer

Der Vierfleckige Kiefernglanzkäfer ist beinahe zu klein und zu dunkel gefärbt, als daß man ihn bemerken könnte. Er lebt von dem klebrigen Saft, der aus Stellen austritt, wo die Baumrinde beschädigt ist.

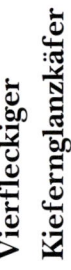

Augenfleckiger Marienkäfer

Diese Marienkäfer verbringen ihr ganzes Leben auf Kiefern. Sie krabbeln Äste entlang auf der Suche nach anderen Insekten, die sie erbeuten könnten.

Kamelhalsfliege

Mit ihrem langen Hals kann die Kamelhalsfliege über die Buckel in der Baumrinde spähen. Sie versucht, andere Tiere, die sich dahinter verstecken, zu entdecken.

Kiefernschwärmer

Kugelspinne

Eine Rindenritze ist normalerweise ein sicheres Versteck für ein kleines Insekt, – es sei denn, diese angriffslustige kleine Spinne liegt darin auf der Lauer.

Kieferneule

Diese Falter sind zu groß, um sich tagsüber, während sie ruhen, verstecken zu können. Stattdessen verschmelzen sie durch ihre Färbung mit ihrer Umgebung. Auf einem Baumstamm sind sie kaum zu sehen.

Kleiner Fichtenborkenkäfer

Als junge Larven leben diese Käfer unter der Rinde. Sie verbreiten dort oft Krankheiten. Die ausgewachsenen Käfer bohren kleine runde Löcher durch die Rinde, um nach draußen zu gelangen.

Ameisenbuntkäfer

Der Ameisenbuntkäfer ist ein wahrer Beschützer der Bäume. Er frißt schädliche Borkenkäfer, die er in Rindenrissen aufstöbert.

24

AM BODEN DES KIEFERNWALDES

Die wenigen Insekten, die am Boden der Kiefernwälder ihr Leben verbringen, krabbeln zwischen abgefallenen Kiefernnadeln und Kiefernzapfen umher. Sie ernähren sich von Samen, totem Holz oder anderen Insekten.

Raubfliege
Diese gefährlich aussehende Fliege springt wie ein böser Räuber aus dem Gebüsch hervor und packt ihr Opfer von hinten. Sie hat es nicht auf sein Geld abgesehen, sondern auf ein Abendessen!

Großer Kiefernrüßler
Den Sommer verbringt dieser Käfer damit, in den Bäumen Rinde zu knabbern. Im Herbst klettert er den Stamm hinunter und sucht sich am Boden einen sicheren Platz zum Überwintern.

Rothalsbock
Dieser Käfer verbringt seine ganze Jugend im Innern von Pflanzen oder abgefallenen Ästen. Diese dienen ihm als Nahrung und er kann sich dort vor seinen Feinden, den Vögeln und Mäusen, sicher fühlen.

Zimmermannsbock
Räuber können diesen Käfer nicht entdecken, denn er hat sich seiner Umgebung sehr gut angepaßt. Der Zimmermannsbock sitzt ganz still und hofft, daß ihn niemand bemerkt, mit Ausnahme natürlich eines Zimmermannsbockweibchens.

Goldstreifiger Moderkäfer
Diesen Moderkäfer kannst du in der Nähe von toten Tieren entdecken, wo er wahrscheinlich gerade auf der Jagd nach saftigen Maden ist.

Kaisergoldfliege

Eine Kaisergoldfliege spuckt auf ihre Nahrung einen Verdauungssaft, der diese in einen Brei verwandelt. Den Brei saugt die Fliege mit ihrer schwammartigen Zunge auf.

Totengräber

Hast du dir jemals überlegt, was mit kleinen Säugetieren und Vögeln passiert, wenn sie tot sind? Einige vergräbt dieser Käfer, nachdem er seine Eier auf ihnen abgelegt hat. Dadurch haben die Jungen nach dem Schlüpfen einen Nahrungsvorrat.

Siebenpunkt

Er ist der einzige Marienkäfer, der in der Nähe einer Burg von Waldameisen lebt. Die Ameisen greifen andere Marienkäfer an, aber lassen den Siebenpunkt in Ruhe.

Kiefernzapfenwanze

Eine Kiefernzapfenwanze hat es wirklich sehr gemütlich: Sicher verborgen in einem Kiefernzapfen schläft sie oder frißt die Samen.

Baldachinspinne

Diese geschickte Spinne webt ihr Netz über den dunklen Löchern am Waldboden. Tiere, die dort nach einem sicheren Versteck suchen, gehen ihr so in die Falle und werden gefressen.

Große Rote Waldameise

Eine Horde Großer Roter Waldameisen ist wie ein Rudel Wölfe: Sie fürchten sich vor nichts und niemandem. Große Rote Waldameisen besitzen außerdem eine Geheimwaffe – sie besprühen ihre Opfer mit Säure.

SACHREGISTER

Kursiv gedruckte Seitenzahlen geben an, wo das jeweilige Tier nur als Abbildung zu sehen ist.

A
Ameise
Große rote Waldameise   27, 28
Wanderameise   10, *12*
Ameisenbuntkäfer   23, 24
Aaskäfer   14, *17*
Asselspinnerraupe   7, *8*
Augenfleckiger Marienkäfer   23, 25

B
Baldachinspinne   27, 28
Biene
Holzbiene   10, *13*
Blattkäfer   7, *9*
Blauer Eichenzipfelfalter   14, *17*
Boden des Kiefernwaldes   26, 27, 28, 29
Boden des Tropenwaldes   10, 11, 12, 13
Brauner Steinläufer   19, *20*
Buschzone des Tropenwaldes   6, 7, 8, 9

E
Eichenblätter   14, 15, 16, 17
Eichenschrecke   14, *16*
Erzwespe   15, *17*

F
Feldheuschrecke   11, *12*

G
Gallwespe   15, *17*
Goldstreifiger Moderkäfer   26, 28
Gottesanbeterin   6, *9*
Großer Eichenbockkäfer   15, *17*
Großer Kiefernrüßler   26, 29
Große Rote Waldameise   27, 28
Grüner Eichenwickler   14, *16, 17*

H
Haselnußbohrer   15, *17*
Herkuleskäfer   10, *12*
Holzbiene   10, *13*
Holzwespe   22, 24

Hundertfüßler
Brauner Steinläufer   19, *20*
Leuchtender Erdläufer   19, *21*
Riesenhundertfüßler   11, *13*

K
Käfer
Aaskäfer   14, *17*
Ameisenbuntkäfer   23, 24
Blattkäfer   7, *9*
Goldstreifiger Moderkäfer   26, 28
Großer Eichenbockkäfer   15, *17*
Großer Kiefernrüßler   26, 29
Haselnußbohrer   15, *17*
Herkuleskäfer   10, *12*
Kleiner Fichtenborkenkäfer   23, 24
Riesenlaufkäfer   19, *21*
Rothalsbock   26, 28
Schildkäfer   7, *8*
Schwarzkäfer   11, *13*
Totengräber   27, 29
Vierfleckiger Kiefernglanzkäfer   22, 24
Violetter Laufkäfer   18, *21*
Zimmermannsbock   26, 29
Kaisergoldfliege   27, 29
Kamelhalsfliege   23, 25
Kieferneule   23, 25
Kiefernrinde   22, 23, 24, 25
Kiefernschwärmer   23, 24
Kiefernzapfenwanze   27, 28
Kleiner Fichtenborkenkäfer   23, 24
Kugelspinne   23, 24

L
Laternenträger   6, *9*
Laubheuschrecke   6, *8*
Laubschicht   18, 19, 20, 21
Läuse   22, 24
Leuchtender Erdläufer   19, *21*